DUPONT
SERA ÉLU !

Comédie électorale en un Acte

DISTRIBUTION : 3 H. 3 F.

(Société Dramatique)

Georges **ONDET**, Éditeur

83, Faubourg Saint-Denis, 83

PARIS

—

1906

DUPONT SERA ÉLU !

Jane de la VAUDÈRE & SEDRY

DUPONT
SERA ÉLU !

Comédie électorale en un Acte

DISTRIBUTION : 3 H. 3 F.

(Société Dramatique)

Georges ONDET, Éditeur
83, Faubourg Saint-Denis, 83
PARIS
—
1906

JANE DE LA VAUDÈRE ET SEDRY

DUPONT SERA ÉLU !

PERSONNAGES :

ANATOLE
DUPONT
LECORNU.

Sidonie DUPONT
Agathe LECORNU
Victorine.

Chez Dupont. Un cabinet de travail. Affiches électorales où ces mots se détachent en gros caractères : « Votez pour Dupont. » Bureau encombré de journaux. Bien en évidence, un phonographe très orné, entouré de draperies avec des guirlandes de laurier et une décoration énorme : les palmes académiques, épinglée comme sur une poitrine d'homme. Au lever du rideau, le phonographe, que fait marcher Anatole, récite en nasillant la profession de foi de Monsieur Dupont.

SCÈNE I

Anatole, puis Victorine

LE PHONOGRAPHE

Oui, mes chers concitoyens, en votant pour moi, vous votez pour le parti des honnêtes gens ! Devant vous, je prends l'engagement solennel de faire aboutir les réformes qui brillent à l'aube de ce siècle, comme des phares dans la nuit, destinés à guider le vaisseau de l'État hors des sentiers battus ! Chacun de mes instants, je les consacrerai à l'étude de ces problèmes sociaux, vastes champs d'expériences, où je pousserai la charrue du libre examen, et qui sont suspendus sur nos têtes comme des épées de Damoclès ! En votant pour Dupont, vous élirez un défenseur ardent de vos intérêts, un pionnier hardi, qui, repoussant des deux mains les tempêtes de l'opposition, plantera de l'autre main, sur l'autel inébranlable de la patrie, le drapeau du droit, du progrès et du travail.

ANATOLE

Ça, c'est tapé ! Et puis, ça sort du banal, des phrases à panache qui ne veulent rien dire ! Comme on ne peut être partout à la fois, le phonographe rend de fiers services ! Décidément, c'est une invention merveilleuse ! Ah ! voyons, que disent les journaux, ce matin ? *Lisant*. Notre ami Dupont a remporté hier un franc succès, à la réunion de la salle Legrand. C'est devant une assistance enthousiaste qu'il a développé son beau programme politique. Bien que la réunion fût contradictoire, il va sans dire que les partisans de l'immonde Lecornu, soit qu'ils fussent retenus à boire dans les caboulots voisins, soit qu'ils sentissent l'inutilité de leurs mensonges, se sont bien gardés de se montrer. »

(Parlé). C'est très bien... Voyons celui-ci... *Il prend un autre journal et lit.* « Le sieur Isidore Dupont a reçu hier soir des électeurs réunis à la salle Legrand, l'accueil qu'un tel fantoche néfaste et bafouilleur mérite. Il a dû quitter la salle en toute hâte par une porte dérobée, comme un lâche qu'il est.... » *Posant le journal rageusement.)* Et il y en a cinquante lignes comme ça ! Il faudra que je fasse taire ces gens-là ! *(On sonne...*

VICTORINE, *entrant*

Monsieur Anatole, c'est une femme qui dit que son mari est électeur dans le quartier.

ANATOLE

Oui, elle a six enfants en bas âge et une grand'mère aveugle. Je connais le refrain... Donnez-lui cent sous. *Il donne une pièce à Victorine.* Ah ! Victorine ! si Dupont est élu, ce qu'on les flanquera à la porte, tous ces mendiants, toutes ces femmes d'électeurs... et les électeurs avec !

VICTORINE

Alors, vous croyez que Monsieur sera élu !

ANATOLE

Si je le crois ! Ah bien ! il ne manquerait plus que ça qu'il ne soit pas élu, après tout le mal que je me donne ! Dites donc, Victorine, si je promène partout ce phonographe où s'étalent orgueilleusement les palmes de Dupont, si je fabrique les discours de Dupont, si je reçois des coups de poing pour Dupont, vous croyez que c'est pour des prunes ?

VICTORINE

Si ce n'est pas pour les prunes de Monsieur, c'est pour celles de Madame...

ANATOLE

Oui, c'est pour Sidonie... Ne trahis pas mon secret, Victorine... Soutiens nos intérêts et ceux de la candidature... Si Dupont est élu, toi aussi tu auras ta récompense. D'abord, tu seras augmentée.... Et je te réserve un petit cadeau... Je ne te dis que ça...

VICTORINE

Oh ! Monsieur !

ANATOLE

Si, si ! tu verras !... Tu es une brave fille !... Allons, va porter cent sous à cette électrice...

VICTORINE

Bien, monsieur ! (*Elle sort.*)

ANATOLE

Si jamais on m'avait dit qu'un jour viendrait où je serais agent électoral, et agent électoral par amour ! Mais voilà, Sidonie m'a dit : « Faites élire mon mari, mon petit cousin, et je serai à vous ! » Et elle ne veut rien savoir avant l'élection ! C'est tout le contraire de Dupont, qui en ce moment se jetterait à l'eau pour ses électeurs, qui, s'ils l'exigeaient, mettrait leur vin en bouteilles ou frotterait leur parquet, et qui dans un mois leur tournera le dos. Tandis que Sidonie, dans un mois, ne me tournera pas précisément le dos... Après tout, c'est un échange de bons procédés ! J'ouvre à Dupont les portes de la Chambre, il m'ouvre celles de l'alcôve... (*On sonne.*) Encore une électrice !

VICTORINE, *entrant*

Monsieur Anatole, c'est une dame.

ANATOLE

Oui, je sais, dont le mari est électeur... Donne lui cent sous...

VICTORINE

Elle n'a pas de mari...

ANATOLE

Alors, dis que M. Dupont n'y est pas...

VICTORINE

Mais, Monsieur, c'est que.... on dirait une cocotte... avec un grand chapeau à plumes... des lèvres peintes... et des yeux au charbon...

ANATOLE

Que nous veut cette enfant ? Je ne comprends pas....

VICTORINE

Elle dit qu'elle a beaucoup de relations... beaucoup d'amis parmi des électeurs influents... (*Regardant dans le corridor du seuil de la porte, où elle est demeurée.*) Tiens, voici M. Dupont qui la fait entrer... (*Elle se retire.*)

ANATOLE

J'ai comme un pressentiment que ça va être drôle !... (*Il se cache derrière le phonographe.*)

SCÈNE II

Mme Lecornu, Dupont en robe de chambre, Anatole caché

DUPONT

J'ai reconnu ta voix tout de suite ! Toi ici !...

Mme LECORNU

Oui, moi ici !

DUPONT

Mais sais-tu que c'est très imprudent ce que tu fais là ? Si mes électeurs t'apercevaient, toi Mme Lecornu, la femme de mon concurrent !

Mme LECORNU

Ne crains rien... Et quand même on m'aurait vue entrer dans la maison, tu n'es pas seul à l'habiter... Et pourquoi toutes ces craintes ?... Est-ce qu'on a jamais surpris un de nos rendez-vous ?...

DUPONT

Oui, mais tu ne me les donnes pas chez moi !

Mme LECORNU

Ah ! Isidore ! Notre petite chambre bleue, avec le grand lit à rideaux fleuris ! Gros vilain, tu ne m'as pas encore embrassée...

DUPONT

C'est l'émotion, la surprise ! (*Il l'embrasse.*) Et quel bon vent t'amène ?

Mme LECORNU

Une bonne petite brise d'amour, mon gros loulou ! Je me suis juré que tu serais élu !

DUPONT

Que je serais élu !

Mme LECORNU

Oui, mon rat ! Elu !

ANATOLE, *à part*

Elu !

Mme LECORNU

Hein ! faut-il que je t'aime ! Je n'hésite pas à te sacrifier mon mari.. Qu'est-ce que tu dis de ça ?

DUPONT

Je ne dis rien ! J'admire ! Je suis muet... Je... je... je nage dans la joie et la surprise...

Mme LECORNU

Hein ! tu es épaté ! Eh bien, c'est pourtant vrai ! Pince-toi, tu vas voir que tu ne rêves pas ! (*Elle le pince.*)

DUPONT

Aïe ! Aïe ! Tu me fais des bleus !

Mme LECORNU

Et maintenant que tu es bien persuadé que tu ne dors pas, tu vas m'écouter... (*Elle s'asseoit sur ses genoux.*) Je connais tous les amis politiques de mon mari, et même ses ennemis... Je suis très bien avec les uns et les autres, et je me sens parfaitement capable d'influencer ces messieurs...

DUPONT

C'est admirable !

Mme LECORNU

Telle que tu me vois, je tiens l'élection dans mes doigts,., On ne s'en douterait pas à me voir ?

DUPONT

Non, quand on te voit passer dans la rue, on ne croirait jamais que tu as le bras si long...

Mme LECORNU

Alors, comme je t'aime bien, je me suis promis de disposer en ta faveur de tout mon pouvoir...

DUPONT

Mais je t'adore ! Tu auras ma reconnaissance éternelle...

Mme LECORNU

Et tu verras que ça marchera comme sur des roulettes... Même, je me fais fort de décider mon mari à se désister...

DUPONT

Non, tu ferais ça ?

Mme LECORNU

Qu'est-ce que je ne ferais pas pour toi ? Ah ! Isidore !

DUPONT

Ah ! cher ange ! (*Il l'embrasse.*)

ANATOLE, *à part*

Je la gobe, cette petite-là !

Mme LECORNU

Seulement, ça va me demander beaucoup de démarches... ça me fera des frais de voiture...

DUPONT

Ce n'est rien que ça... Ne te gêne pas... Tiens, voilà cent francs...

Mme LECORNU, *se dégageant*

Cent francs ! Pour qui me prends-tu ?

DUPONT

Voyons ! Il est tout naturel que tu n'en sois pas de ta poche.

Mme LECORNU

Alors, tu crois que si ça ne coûtait que cent francs j'aurais l'audace de te les demander... Je suis délicate, mon cher...

DUPONT

Voyons, poulette... Je te demande pardon... Je ne mets pas en doute ton désintéressement... Reviens sur mes genoux... Alors, tu aurais besoin de combien...

Mme LECORNU, *se rasseyant sur les genoux de Dupont.*

Tu comprends bien que je ne puis aller trouver les amis de mon mari, tous les personnages importants que je dois voir, avec pour tout vêtement une simple chemise...

DUPONT

Tu aurais peut-être beaucoup de succès !

Mme LECORNU, *rougissant*

Oh !

DUPONT

Tite chérie ! *Il l'embrasse.*

Mme LECORNU

Alors, il faut des toilettes... des toilettes très soignées... naturellement... On ne doit rien négliger... Et puis, il y a les dessous... Des dessous pimpants, mousseux, spirituels, suggestifs...

DUPONT

Ah ! tu m'en fais venir l'eau à la bouche...

Mme LECORNU

Ne crains rien, je ne te tromperai pas... C'est seulement pour aguicher... On relève un peu sa robe, en s'asseyant, comme ça... Tu vois...

DUPONT

Tu seras irrésistible !

Mme LECORNU

Je me laisserai faire un petit doigt de cour...

DUPONT

Deux si tu veux. (*Se reprenant.* Deux tout petits seulement ! Avec une femme qui a le bras si long, on ne sait jamais où ça s'arrête, un petit doigt de cour...

Mme LECORNU

Ça s'arrêtera à temps... Je les tiendrai en haleine...

DUPONT

Et quelle somme te semblerait nécessaire ?...

Mme LECORN

Tu sais, avec les faux frais, l'imprévu, on peut bien mettre dix mille...

DUPONT

Fichtre !

Mme LECORNU

Tu supposes peut-être que j'aurai quelque bénéfice...

DUPONT

Je ne dis pas ça ! Quelle idée ! Seulement, dix mille... J'ai déjà beaucoup dépensé... Tu ne t'imagines pas ce que ça coûte cher !

Mme LECORNU

Si tu crois que ça sera agréable pour moi d'aller solliciter partout... Je ne ferais pas ça pour mon mari...

DUPONT, *se grattant*

Evidemment... J'espère bien... Mais... Dix mille francs... *On sonne.*

VICTORINE, *entrant*

Monsieur, c'est un groupe d'électeurs...

DUPONT

Bien, j'y vais... *(Exit Victorine.)* Tu permets ?... Une seconde... Je vais les expédier, et je suis à toi... Nous arrangerons ça... A tout à l'heure, mon loup... *(Exit Dupont.)*

SCÈNE III

Mⁿᵉ Lecornu, Anatole

Mⁿᵉ LECORNU

Il est dur à la détente, mais il marchera ! Et je paierai les huit mille francs que je dois à ma couturière...

ANATOLE, *bondissant hors de sa cachette*

Madame, j'ai tout entendu !

Mⁿᵉ LECORNU

Qu'est-ce que c'est ? Au secours !

ANATOLE

Un mot de plus et je préviens votre mari !

Mⁿᵉ LECORNU

Je vous en supplie !

ANATOLE

Ah ! Ah ! C'est comme ça que vous trompez Lecornu avec Dupont ! Eh bien ! Si Dupont n'est pas élu, Lecornu saura tout, tout, tout !

Mⁿᵉ LECORNU

Monsieur, je vous en prie ! Calmez-vous... Mon mari est très jaloux ! Oui, monsieur, un homme qui devrait avoir si peu de préjugés, un homme qui vit continuellement dans la politique, il est jaloux comme un tigre !

ANATOLE

Vous voyez ce phonographe ! Il a enregistré votre conversation criminelle ! Vous êtes à ma merci !

Mⁿᵉ LECORNU

Ah ! mon Dieu ! Ne me trahissez pas ; vous pouvez exiger de moi tout ce que vous voudrez, mais ne dites rien à mon mari !

ANATOLE

Je n'exige qu'une chose : l'élection de Dupont ! *à part.* C'est très canaille, mais c'est habile !

Mⁿᵉ LECORNU

Comment faire ?

ANATOLE

Ça ne me regarde pas ! Les dessous, le doigt de cour, tout ce que vous voudrez... C'est votre affaire...

Mⁿᵉ LECORNU

Mais monsieur...

ANATOLE

Il n'y a pas d'mais monsieur...

Mⁿᵉ LECORNU

Vous me jurez...

ANATOLE

Oui... oui... Je jure... et de votre côté...

Mⁿᵉ LECORNU, *défaillante*

Je vous jure que je ferai tout ce qui dépendra de moi pour assurer le triomphe de M. Dupont... Tous ses adversaires me passeront plutôt sur le corps...

ANATOLE

A la bonne heure !

Mⁿᵉ LECORNU

Adieu, monsieur ! Comptez sur moi ! *(Elle sort vivement.)*

SCÈNE IV

ANATOLE

Toi, je te tiens ! Ça marche ! Voyons, si je contais à Sidonie que Dupont la trompe, elle n'hésiterait plus... Non, ce serait une gaffe ! Après tout, si Dupont la trompe avec cette petite grue, c'est évidemment dans l'intérêt de sa candidature, c'est pour le bon motif ! Et Sidonie serait capable de l'aimer davantage, car les femmes vous adorent quand vous les trompez... Mais la voici...

SCÈNE V

Anatole, Mᵐᵉ Dupont

Mⁿᵉ DUPONT, *en peignoir*

Eh bien, mon petit Anatole, quoi de nouveau aujourd'hui ! Ça a bien marché hier ?

ANATOLE

Mieux que je ne l'espérais... Figurez-vous, ma chère cousine, que la moitié des hommes que j'avais engagés pour chauffer l'enthousiasme manquaient à l'appel... Du reste, ça sera comme ça tant que Dupont nous accordera un budget aussi modeste... Pour quarante sous on ne peut pas trouver des partisans bien convaincus...

Mⁿᵉ DUPONT

Alors, selon vous ?

ANATOLE

Il faudrait aller jusqu'à trois francs... Avec trois francs, on peut exiger une conviction à peu près solide, garantie S. G. D. G. Et puis, on n'ose pas proposer quarante sous à un honnête homme... Trois francs, c'est autre chose... Trois francs, c'est trois francs... C'est déjà une somme... Je vous trouverai des gens très bien, des gens décorés même...

Mme DUPONT

Faites pour le mieux, mon petit cousin...

ANATOLE

Pour mériter la divine récompense qui doit être le prix de mes efforts, je remuerais ciel et terre, je déchaînerais la révolution, j'élèverais de barricades...

Mme DUPONT

Ah ! avec les travaux du Métropolitain, c'est bien inutile...

ANATOLE, *l'embrassant*

Sidonie, je vous aime !

Mme DUPONT

Vous m'embrasserez tout à l'heure, quand vous aurez fini votre rapport !... Parlez-moi des colleurs d'affiches...

ANATOLE

Je les ai fait filer... Il y en avait un qui jetait toutes ses affiches à l'égout... Je l'ai menacé de le faire arrêter... Il m'a promis de décider les colleurs de nos adversaires à détruire la moitié des leurs... Je lui ai donné un louis pour leur payer à boire... et un autre pour lui...

Mme DUPONT

Tous mes compliments...

ANOTOLE

Ça vaut bien un baiser ?... (*Il l'embrasse.*

Mme DUPONT

Et la presse ?

ANATOLE

Couci, couça... Panachée, comme d'habitude...

Mme DUPONT

En somme, rien d'inquiétant ; vous avez toujours foi en le succès final ?...

ANATOLE

Plus que jamais ! Ah ! Sidonie, vous serez à moi ! *Il l'embrasse.*

Mme DUPONT

Allons, un peu de tenue... Voyons, mon petit Anatole... puisque vous avez ma parole... Si Dupont est élu...

ANATOLE

Vous êtes à moi ! Reconnaissez que je vous aurai bien méritée.

Mme DUPONT

Ça oui... Vous payez de votre personne...

ANATOLE

A charge de revanche !

Mme DUPONT

Vous dépensez même plus d'ardeur que Dupont...

ANATOLE

Mais parfaitement, plus que lui ! Couché à une heure du matin, je suis debout à six heures ! Je vole à la porte des ateliers, j'arrête les ouvriers au passage, je les entraîne au cabaret, et là, autour du zinc démocratique, je fais l'éloge de Dupont, ami du travail, champion des justes revendications... Vous voyez ça d'ici !

Mme DUPONT

Vous vous rattraperez bientôt... Vous ferez la grasse matinée.

ANATOLE

Oui, je ferai aussi la grasse après-dinée, quand Dupont sera à la Chambre... (*Il l'embrasse.*)
Victorine entr'ouvre la porte, jette sur le couple enlacé un regard amusé et indulgent, sort doucement et frappe trois coups. Madame Dupont et Anatole prennent vite une position correcte.

Mme DUPONT

Entrez !

VICTORINE

Madame, c'est monsieur qui m'envoie dire à une dame qui doit l'attendre ici de prendre patience, car ses électeurs sont très altérés... ça fait deux fois que monsieur m'envoie à la cave...

ANATOLE

Vous direz à monsieur que cette dame, lasse d'attendre, est partie..

VICTORINE

Très bien !

Mme DUPONT

Vous n'avez rien laissé traîner, Victorine ?

VICTORINE

Oh ! non, madame, et j'ai l'œil. Du reste, pour le moment, ces messieurs discutent avec trop d'acharnement pour penser à autre chose... Monsieur vient de leur faire un discours électoral !... Il a parlé de canailles, de vendus, de voyous ! Je vous promets que c'était envoyé ! Une fois, j'ai été à la Chambre avec une carte que mon cousin le garde de Paris m'avait donnée : eh bien ! il n'y en avait pas un qui valait monsieur ! *Elle se retire.*

Mme DUPONT

Qui était cette dame ?

ANATOLE

Une femme d'électeur influent.

Mme DUPONT

Quel malheur ! Elle a peut-être été froissée ! J'aimerais mieux apprendre que Dupont lui a fait la cour que savoir qu'elle est partie mécontente...

ANATOLE

Ne vous inquiétez pas... J'arrangerai ça...

Mme DUPONT

Ah ! quand je pense que dans un mois, nous serons député ! Anatole, le rêve de ma vie sera réalisé ! Vous ne savez pas ce qu'il y a parfois d'élans enflammés dans le cœur d'une simple bourgeoise ! Anatole, j'aurai un salon politique... j'inviterai des gens célèbres... je valserai avec Paul Deschanel... et, qui sait ? je renverserai des ministères !

ANATOLE

Oui, nous renverserons des ministères !

Mme DUPONT

Ah ! c'est trop beau ! c'est trop beau ! (*On sonne.*)

VICTORINE *entrant,*

Madame, c'est un monsieur qui voudrait parler à monsieur. (*Elle tend une carte de visite sur un plateau.*)

Mme DUPONT, *prenant la carte*

Eugène Lecornu, le concurrent de mon mari !

ANATOLE

Lui, maintenant ! Non, ça n'est pas possible !

Mme DUPONT

Que nous veut-il ?

ANATOLE

Il ne vient certainement pas en ennemi...

Mme DUPONT

Si je le recevais à la place de mon mari ?... Je suis certaine que je m'en tirerai mieux... Beaucoup mieux...

ANATOLE, *défiant*

Oui, mais... pas de plaisanteries, hein ?

Mme DUPONT

Voyons, Anatole ! (*à Victorine*). Faites entrer ce monsieur... (*à Anatole.*) Laissez-nous quelques instants, mon ami...

(*Victorine se retire, suivie d'Anatole.*)

ANATOLE, *en sortant*

Sidonie, de la prudence !

SCÈNE VI

Lecornu, Mme Dupont

Mme DUPONT, *très aimable*

Monsieur, prenez la peine de vous asseoir...

LECORNU, *s'asseyant*

Madame Dupont, n'est-ce pas ?

Mme DUPONT

Parfaitement, monsieur...

LECORNU

Votre mari, madame, est trop occupé pour me recevoir ?...

Mme DUPONT

Il est en conférence avec une délégation d'électeurs...

LECORNU

Je vous dirai franchement que ça me gêne un peu d'être reçu par vous...

Mme DUPONT

Mettez-vous tout à fait à votre aise, cher monsieur...

LECORNU

Quand je dis : ça me gêne, c'est une façon de parler... Ce n'est pas que votre présence me soit désagréable... au contraire... au contraire... On est toujours flatté de se trouver en tête à tête avec une aussi jolie femme...

Mme DUPONT, *à part*

Soyons aimable ! (*à Lecornu.*) Monsieur ! Bien que trop peu mérité, ce compliment me touche jusqu'au fond du cœur...

LECORNU

Trop peu mérité ! Avec des yeux comme ça ! Et ce coquin de sourire ! Et ce diable de minois ! (*Il rapproche sa chaise de celle de Mme Dupont.*) Cristi, si les femmes étaient éligibles, j'aurais voté pour vous des deux mains... (*la prenant par la taille*) oui... des deux mains... ah ! mais là, sans hésiter, et sans aller demander à droite et à gauche : pour qui votait-on ?

Mme DUPONT

Monsieur, tant d'éloges me rendent confuse... Je suis très touchée... mais... vous n'êtes pas venu exclusivement pour me débiter des galanteries...

LECORNU

Malheureusement ! Et voilà pourquoi j'aurais préféré parler à votre mari... à ce brave Dupont...

Mme DUPONT

Ecoutez, Dupont fait tout ce que je veux ; il se repose sur moi du soin de ses affaires .. Vous pouvez donc me parler en toute confiance, comme à mon mari lui-même...

LECORNU

Je vois ça : vous portez la culotte... Et vous voudriez bien porter l'écharpe...

Mme DUPONT

Ah ! monsieur, vous avez pénétré le fond de ma pensée !

LECORNU, *se levant, solennel*

Eh bien, il ne tient qu'à vous que Dupont soit élu !

(A cet instant Anatole entr'ouvre la porte.)

ANATOLE

Ils sont sages ! *Il referme la porte.*

Mme DUPONT, *prenant les mains de Lecornu*

Ah ! Monsieur, monsieur, vous m'inondez de joie !

LECORNU, *très tendre, s'asseyant à côté de Mme Dupont*

C'est très simple. Vous allez saisir ma petite combinaison. Nous sommes trois candidats en présence : votre mari, Plumeau et moi. Je sais de source sûre que votre mari et Plumeau courent des chances égales : quant à moi, je serai peut-être un peu moins bien favorisé... Or, il est facile de voir que la victoire appartiendra à celui en faveur de qui je me désisterai...

Mme DUPONT

Et vous vous désistez en faveur de Dupont !...

LECORNU

Vous y êtes !

Mme DUPONT

C'est admirable ! C'est simple comme bonjour !

LECORNU

Mais il fallait le trouver....

Mme DUPONT

C'est l'œuf de Colomb !

LECORNU

Un œuf que vos électeurs goberont comme une pilule !

Mme DUPONT

Vous êtes sûr que ça réussira ?...

LECORNU

Croyez-en ma vieille expérience... C'est la seizième fois que je fais le coup du désistement... Et ça m'a toujours réussi... Il y a des gens qui se font des rentes en vendant des peaux de lapin, en assassinant des vieilles dames ou en prenant l'express de Bruxelles, moi j'ai trouvé quelque chose de plus pratique et de moins fatiguant : je me désiste aux élections...

Mme DUPONT, *refroidie*

Alors, ça vous vaut des petites rentes..

LECORNU

Des petites rentes assez dodues.

Mme DUPONT, *se reculant*

Ah ! Ah ! *(à part).* Je le vois venir !

LECORNU

Voyez-vous, je fais la province et Paris... Je choisis une opinion moyenne qui me permette de me désister indifféremment en faveur de Pierre ou de Paul, et le tour est joué...

ANATOLE, *entr'ouvrant la porte*

Ils sont de plus en plus sages !... *Il referme la porte.*

Mme DUPONT, *inquiète*

Vous devez être riche ?...

LECORNU

Mon Dieu... On est à son aise... Mais j'ai une femme très dépensière... Malgré ça... je ne suis pas trop à plaindre... Et c'est justement pour ça que je pourrai vous consentir, en faveur de votre gracieux minois, un assez joli rabais... *Il l'embrasse.*

Mme DUPONT

Ah ! monsieur Lecornu ! Laissez-moi... je... je... suis confuse.

LECORNU

D'habitude, je ne prends jamais moins de 20.000... Seulement pour vous... grâce à votre ensorcelante beauté, grâce à vos grands yeux troublants, ce ne sera que la moitié... C'est donné... C'est gâter le métier...

Mme DUPONT

Dix mille ! c'est une somme ! Les prix obtenus par mes beaux yeux ne sont pas précisément à l'œil...

LECORNU

Cela suffira juste à m'indemniser de mes frais... voitures... démarches.... dîners à offrir... etc. ! Il y aura des petites résistances à vaincre... il faudra préparer l'opinion... C'est toute une cuisine où le beurre ne doit pas être épargné... Puisque je vous dis que c'est donné ! *Il l'embrasse.*

Mme DUPONT

Voulez-vous rester tranquille !

LECORNU

C'est pour le rabais !

Mme DUPONT

Je vois ça : le quart d'heure de rabais !

LECORNU

Enfin, ne parlons plus de ces questions d'intérêts, toujours pénibles entre personnes d'un sexe différent... C'est chose convenue ?...

Mme DUPONT

Eh bien, oui ! Si vous me promettez qu'il le sera...

LECORNU

S'il le sera ? Mais vous ne paierez qu'après l'élection.. D'habitude, on verse la moitié comptant, mais j'ai confiance en vous...

Mme DUPONT

Trop aimable ! Cependant, si vous voulez des arrhes...

LECORNU

Les arrhes que je veux : les voici ! (*Il l'embrasse.*) Ce sont tes baisers, tes lèvres, c'est toi !

Mme DUPONT

Moi !

(*Anatole entr'ouvre la porte.*)

LECORNU

Oui, toi ! Je te donnerai plus de baisers que je ne procurerai de voix à Dupont ! Je couvrirai ton corps de caresses plus nombreuses et plus diverses que les affiches des candidats sur les murs de la ville ! Mes vœux voleront vers toi comme les bulletins de vote vers l'urne aux flancs mystérieux ! Ne seras-tu pas le vase... d'élection ?...

SCÈNE VII

Les mêmes, Anatole

ANATOLE, *bondissant*

Ah ! mais dites donc, vous, faut pas vous gêner !

Mme DUPONT

Ciel ! je suis perdue !

ANATOLE, *secouant Lecornu*

Qu'est-ce que vous fichez ici, vous ?...

LECORNU

Je... je... je fais de la propagande...

Mme DUPONT

Mon ami, monsieur m'assurait qu'il était tout disposé à se désister...

ANATOLE, *à Lecornu*

Vous avez des déclarations de principes qui ne me plaisent guère...

Mme DUPONT

Vous exagérez, mon ami ! Monsieur était très convenable...

ANATOLE

Un homme qui vous appelle vase d'élection ! Vous appelez ça convenable ! Je vais tout dire à Dupont !

LECORNU

Ne faites pas ça !

ANATOLE

Je le ferai ! Je suis son parent, monsieur, et son honneur m'est plus sacré que le mien... Non content d'être son adversaire politique, vous venez porter le trouble dans son ménage ! Prenez garde ! Dupont est un bon garçon ! Mais quand on le pousse à bout, le mouton devient enragé ! Il vous tuera comme un lapin... Et vous n'essaierez pas de nier !.. Ce phonographe a enregistré votre conversation criminelle ! Voici un témoin irrécusable, un témoin honnête, que vous ne corromprez pas !

LECORNU

Mais je viens ici en frère, en ami ! Je viens apporter à Mme Dupont la nouvelle de mon désistement ; c'est par moi que Dupont sera élu !

ANATOLE

Le meilleur moyen qu'il a de vous obliger à vous désister, c'est de vous tuer ! Je cours le prévenir !

Mme DUPONT, *l'arrêtant*

Mon ami, si monsieur promet d'assurer l'élection de mon mari, épargnez lui....

LECORNU

Je promets tout ce qu'on voudra ! Dans quelle galère me suis-je fourré ! (*Au phonographe.*) Espion ! Bandit ! Panamiste !

ANATOLE

J'aime mieux vous faire tuer ! C'est plus prudent !

LECORNU, *larmoyant*

Mais puisque je vais me désister ! Voulez-vous que je vous en signe la promesse ? (*à part.*) Je suis joli : si on m'y repince avec des femmes de candidats !

ANATOLE

Asseyez-vous là... Voici une plume... du papier... Écrivez : « Je m'engage à me désister en faveur du citoyen Dupont... dans l'intérêt de la cause que je défends »... Signé : « Lecornu ». (*Lecornu s'asseoit et écrit.* Bien ! Et maintenant, oust, fichez-moi le camp, et qu'on ne vous revoie plus !

Lecornu sort vivement.

SCÈNE VIII

Anatole, Mme Dupont

ANATOLE, *sévère*

Maintenant que ce palloquet est parti, je serais heureux, madame, que vous me donnassiez quelques explications sur votre conduite...

Mme DUPONT

Ma conduite ? Mais qu'est-ce qui vous prend, mon ami ?... C'est sérieux ?...

ANATOLE

C'est très sérieux ! Alors, vous croyez que je vais me tuer pour l'élection de Dupont, et que, pour me récompenser, vous vous laisserez tomber dans les bras du premier candidat venu... d'un Lecornu, d'un être abject et ridicule !

Mme DUPONT

Anatole, je vous ai toujours considéré comme un garçon d'esprit... C'est même une des raisons pour lesquelles je... Enfin, passons ! Eh bien ! je vous assure qu'en ce moment vous me faites regretter la faiblesse que j'ai eue de vous promettre... ce que je n'aurais jamais dû vous promettre...

ANATOLE

Enfin, mettez-vous à ma place ! Moi qui vous aime jusqu'au plus pur dévouement, moi qui pour l'amour de vous me suis transformé en courtier électoral ; qui, sans me plaindre, récolte dans les réunions publiques des horions, des puces et des laryngites, moi qui suis parti à la conquête de l'urne comme les paladins à la conquête du Saint-Graal, je vous trouve pâmée dans les bras d'un monsieur qui vous embrasse à bouche que veux-tu, et vous traite de vase d'élection... et vous voudriez que je fusse satisfait ?...

Mme DUPONT, *riant*

Très bien, très bien ! Si vous mettez autant de feu dans vos improvisations en faveur de Dupont, c'est merveilleux !

ANATOLE

Et vous riez de ma colère ! Mais, Sidonie, je vous aime...

Mme DUPONT

Mais oui, moi aussi... Seulement, comme tous les amoureux, vous ne voyez rien... Vous n'avez donc pas compris que si je me suis laissée un peu embrasser par Lecornu, c'est précisément parce que je vous adore...

ANATOLE, *effaré*

Hein ! C'est... parce que... vous m'adorez...

Mme DUPONT

Mais oui. C'est tout simple ! Voyons. Lecornu vient me promettre de se désister, moyennant une petite commission de dix mille francs....

ANATOLE

Dix mille francs : Lui aussi ! Vous dites, dix mille francs ! Ça, par exemple !...

Mme DUPONT

Mais oui, dix mille francs... Eh bien, pourquoi ces étonnements ?...

ANATOLE

Pour rien... parce que... C'est une coïncidence... Une idée qui me passe comme ça... Dix mille francs, c'est leur prix ! Ils vont très bien tous les deux !

Mme DUPONT

Anatole, mon ami, vous m'inquiétez ! Ces élections vous tournent la tête... Je continue : Par-dessus le marché, M. Lecornu a voulu me faire un petit brin de cour...

ANATOLE

Non, mais qu'est-ce que c'eût été, s'il se fût agi d'un gros brin...

Mme DUPONT, *se méprenant*

Un gros brun ! Que Monsieur Lecornu soit brun ou blond, petit ou gros, je ne vois pas ce que ces détails futiles viennent faire ici... Voyons, Anatole, soyons à la conversation.

ANATOLE

Je voulais dire...

Mme DUPONT

Taisez-vous... Je me suis dit : laissons-nous faire un peu la cour... Il s'agit avant tout d'assurer l'élection... Car si Dupont est élu...

ANATOLE

Vous êtes à moi...

Mme DUPONT

Ah ! tout de même, vous comprenez ! Eh bien, oui, Anatole. C'est pour vous que je me suis laissé faire un peu la cour ! ça aussi, c'est du dévouement ! Car, qui vous dit que ce ne fut pas pour moi un sacrifice, un gros sacrifice...

ANATOLE

Mais si je n'étais pas survenu ?...

Mme DUPONT

Si vous n'étiez ?... Mais, mon cher, voyons, dès l'instant que M. Lecornu serait devenu trop entreprenant, je vous aurais appelé !

ANATOLE

Vous m'auriez appelé ! Ah ! Sidonie, je vous demande pardon !

Mme DUPONT

Je vous pardonne et vous permets de m'embrasser ! *Il l'embrasse.* Là ! là !

ANATOLE

Mais j'y pense ! Les dix mille francs, vous n'allez pas les lui donner !

Mme DUPONT

Parbleu, nous le tenons, maintenant !... D'ailleurs, j'aurais peut-être eu quelque mal à les obtenir de Dupont... Il a déjà tant dépensé...

Anatole, *sautant de joie*

Sidonie ! Sidonie ! J'ai trouvé ! J'ai trouvé !...

Mme DUPONT

Ça y est ! Il est fou ! Encore une victime de la politique... C'est la contagion....

ANATOLE, *chantant*

J'ai trouvé ! j'ai trouvé ! *Il prend Mme Dupont par la taille et la fait valser pendant quelques secondes en chantonnant.)* Tra... la... la... la... la...

Mme DUPONT, *essoufflée*

(*A part* Ne le contrarions pas... Il se croit au bal ! (*A Anatole.* Ah ! cher monsieur, qu'il fait chaud à cette soirée !

ANATOLE

Hein ! que dites-vous ?

Mᵐᵉ Dupont, *se retirant prudemment vers la porte.*

C'est entendu, je vous promets la prochaine valse... *à part*. Pourvu qu'il me laisse sortir ?...

Anatole, *la retenant par le bras*

Voyons, Sidonie, que vous prend-il ? *à part*. Elle devient folle ! Encore une victime de la politique.

Mᵐᵉ Dupont, *se plaçant derrière le bureau*

Son regard m'effraie !

Anatole

Ses yeux me font peur !

Mᵐᵉ Dupont, *tremblante*

Anatole !

Anatole, *même jeu*

Sidonie !

Mᵐᵉ Dupont

Vous n'êtes pas souffrant ?

Anatole

Non, ma chère cousine, et vous ?

Mᵐᵉ Dupont, *à part*

On dirait que ça se passe... *à Anatole*. Mais alors pourquoi cette valse échevelée ?

Anatole, *à part*

Elle va mieux ! *à Mᵐᵉ Dupont*. Mais parce que j'ai trouvé le moyen d'obliger Dupont à verser les dix mille francs ! Et ces dix mille francs, nous les emploierons à la propagande, nous aurons des convictions de tout repos à remuer à la pelle, des affiches sur toutes les murailles : au point que, lorsque les élections seront finies et les affiches grattées, les échos, habitués à répéter le nom de Dupont, répéteront encore, comme les roseaux du roi Midas...

Mᵐᵉ Dupont

Le roi Dupont a des oreilles d'âne !..

Anatole

Mais non... Vive Dupont ! Vive Dupont ! Vive Dupont !

Mᵐᵉ Dupont, *lui sautant au cou*

Et moi qui vous croyais devenu fou ! Ah ! mon petit Anatole, je t'adore !

Anatole

Ah ! Sidonie ! Et maintenant, laissez-moi faire ! Dans cinq minutes, j'ai les dix mille francs, ou je ne m'appelle plus Anatole (*Allant à la porte et appelant* Victorine !

SCÈNE IX

Les mêmes, Victorine

Victorine, *levant les bras au ciel*

Trente-sept, monsieur Anatole ! Trente-sept, madame !

Anatole

Hein ! quoi donc !

Victorine

Oui, trente-sept !

Mᵐᵉ Dupont

Qu'avez-vous ?

Victorine

Trente-sept, madame, trente sept !

Mᵐᵉ Dupont

Trente-sept quoi ?

Victorine

Trente-sept bouteilles ! Ils ont bu trente-sept bouteilles !

Anatole

Il doit y avoir des rapports étroits entre la vente des boissons alcooliques et la durée des périodes électorales...

Mᵐᵉ Dupont

Ils sont partis ?

Victorine

Heureusement !

Anatole

Et que fait Dupont ?

Victorine

Il les compte et les recompte !

Anatole

Dites-lui que j'ai quelque chose de grave à lui communiquer.

Victorine

Bien, monsieur Anatole... (*elle sort.*)

Anatole, *à Mᵐᵉ Dupont*

Dans cinq minutes, montre en main, l'affaire sera enlevée !

Mᵐᵉ Dupont sort par une autre porte.)

SCÈNE X

Anatole, puis Dupont

Anatole

Nous allons rire !

Dupont, *entrant*

Trente-sept, mon ami, trente sept bouteilles de vin !

Anatole

Il se passe ici quelque chose de très grave...

Dupont

Je te crois ! Trente-sept d'un coup !

ANATOLE

Oui, vous donnez des bouteilles de vin pour recevoir des pots !

DUPONT

Anatole !

ANATOLE

Vous êtes capable de tout !

DUPONT

Que signifie ?

ANATOLE

Je sais tout ! C'est du joli pour un homme qui se prépare à représenter les intérêts de son pays ! J'ai surpris le secret de votre liaison avec Mme Lecornu !

DUPONT

C'est faux ! Manœuvre de la dernière heure !

ANATOLE

Pas de boniments, hein ! Ce phonographe, qui a enregistré votre conversation criminelle, est un témoin incorruptible !

DUPONT

Trahi par mon phonographe ! Mais comprends donc que si j'ai noué des relations avec Mme Lecornu, c'est uniquement dans l'intérêt de ma candidature ?...

ANATOLE

Je n'admets pas ces procédés-là, moi. Et si je voulais être méchant, je pourrais tout dire à Lecornu et à Mme Dupont !...

DUPONT

De grâce !...

ANATOLE

Tranquillisez-vous, je ne dirai rien et vous serez élu ; mais il faudra donner dix mille francs à Lecornu qui sort d'ici et s'engage à nous livrer son désistement par écrit, en échange de cette somme !

DUPONT

Lui aussi ! Dix mille francs ! C'est un tarif ! Ils travaillent chacun de leur côté ! Je sens que ma tête se dérange ! Alors Lecornu s'engagerait par écrit ?

ANATOLE

Par écrit ?

DUPONT, *allant au bureau et prenant des billets dans un tiroir.*

Voici, mais tu me jures que tu ne diras rien !

ANATOLE

Je suis honnête, moi... Je ne suis pas candidat !...

SCÈNE XII

Les mêmes, Mme Dupont. *entrant*

Ma chère cousine, chantons victoire ! Dupont sera élu !

DUPONT

Je le serai !

Mme DUPONT, *en envoyant un baiser à Anatole*

Oui. Le le seras !

RIDEAU

Saint-Amand (Cher), — Imp. LALANDE-PEROUX